글 송영심
성균관대학교에서 역사학을 전공하고, 이화여자대학교 대학원에서 역사 교육 박사 과정을 공부했어요. 어린이들과 소통하기 위해 인터넷 역사 카페(http://cafe.daum.net/edusonghistory)를 운영하고 있어요. 지은 책으로 〈한 권으로 읽는 한국사〉, 〈재미있는 한국사 이야기 1〉, 〈실록 밖으로 나온 세종의 비밀 일기〉, 〈꺼지지 않는 등불, 안중근의 비밀 일기〉, 〈달력에서 역사 찾기〉, 〈선생님이 들려주는 이야기 세계사〉, 〈정약용이 들려주는 실학 이야기〉, 〈시조님, 시조님 안녕하세요?〉, 〈청소년을 위한 주제로 보는 조선왕조실록〉, 〈장 발장은 혁명군이었다?〉, 〈처음 시작하는 한국사, 세계사〉, 〈알고 먹으면 더 맛있는 음식 속 조선 야사〉 외에 다수가 있어요.

그림 이혁
어린이 친구들을 위해 유익하면서도 재미있는 그림을 그리고 싶어 해요. 그린 책으로는 〈아하! 그땐 이렇게 살았군요〉, 〈아하! 그땐 이런 과학기술이 있었군요〉, 〈우리 역사 그림 연표〉, 〈한 권으로 보는 그림 문화재 백과〉, 〈한눈에 펼쳐 보는 대동여지도〉 등이 있어요.

초판 5쇄 2025년 10월 15일 **초판 1쇄 발행일** 2021년 5월 14일 **펴낸곳** 메가스터디㈜ **펴낸이** 손은진 **개발 책임** 김문주 **개발** 양수진, 최성아, 최란경, 표민지 **글** 송영심 **그림** 이혁 **디자인** 주희연 **마케팅** 엄재욱, 김상민 **제작** 이성재, 장병미 **사진 제공** 문화재청, 국립중앙박물관, 규장각 한국학연구원, 영천시, 한국학중앙연구원(한국민족문화대백과사전 공개 자료), 현정회, Getty Images, Getty Images Bank, PIXTA, Shutterstock.com(가나다 순, abc 순) **폰트 저작권자** 유토이미지 **출간제안/원고투고** 메가스터디북스 홈페이지 〈투고 문의〉에 등록 **주소** 서울시 서초구 효령로 304(서초동) 국제전자센터 24층 **대표전화** 1661.5431 **홈페이지** http://www.megastudybooks.com **출판사 신고 번호** 제 2015-000159호

· 이 책의 저작권은 메가스터디 주식회사에 있으므로 무단으로 복사, 복제할 수 없습니다. 파본은 바꿔 드립니다.
· 본 저작물은 공공누리 제1유형에 따라 공공 저작물을 이용하였습니다.

메가스터디BOOKS
'메가스터디북스'는 메가스터디㈜의 출판 전문 브랜드입니다.
유아/초등 학습서, 중고등 수능/내신 참고서는 물론, 지식, 교양, 인문 분야에서 다양한 도서를 출간하고 있습니다.

· **제품명** 한국사 숨은 그림 찾기 1
· **제조자명** 메가스터디㈜ · **제조년월** 판권에 별도 표기 · **제조국명** 대한민국 · **사용연령** 3세 이상
· **주소 및 전화번호** 서울시 서초구 효령로 304(서초동) 국제전자센터 24층 / 1661-5431

한눈에 보는 한국사 명장면

한국사 숨은 그림 찾기

① 선사 시대~고려 시대

메가스터디BOOKS

이 책을 즐기는 방법

1 숨은 그림 찾기!

그림에서 표현하고 있는 **역사적 사건**이나 **시대**를 중심으로 설명했어요. 설명을 먼저 읽고 그림을 살펴보아요. 당시 사람들의 생활 모습과 문화, 사건의 배경 등을 알 수 있어요.

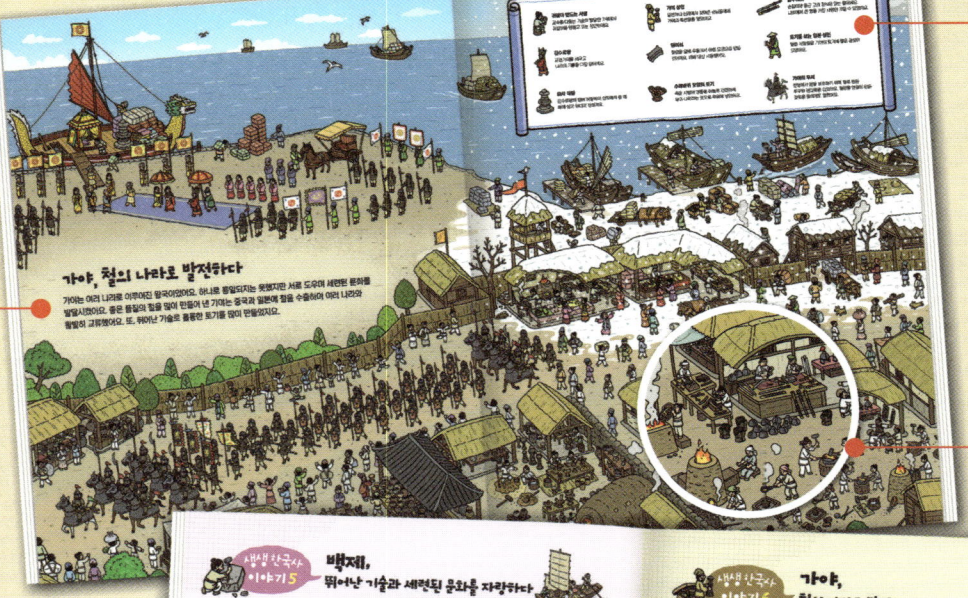

숨은 그림을 찾으며 **역사 지식**을 익혀요.

유적이나 **유물**, 또는 **역사적 인물**이 숨어 있어요. 당시 모습이 생생하게 담긴 장면 속에서 숨어 있는 그림들을 찾아요!

2 한국사 지식 쌓기!

각 장면의 **시대적 배경**에 대한 **설명**이에요. 앞에서 읽은 내용보다 조금 더 넓고 자세한 역사 정보를 알 수 있어요.

시대의 인물, 유물이나 유적과 관련된 **재미있는 이야기**를 어린이의 눈높이에 맞춰 풀어냈어요.

한국사 퀴즈로 앞서 배운 내용을 확인하며 더욱 재미있게 한국사를 익힐 수 있어요.

> **Tip** 자유롭게 이야기하며 **상상력 키우기!**
>
> 원하는 장면을 펼친 다음 어떤 일이 일어나고 있는지 친구나 부모님과 이야기를 나누어 보세요. 그림의 다양한 요소를 활용해 **상상력**을 발휘하여 **새로운 이야기**를 꾸며 볼 수 있어요. 그림 속 장면들로 여러 번 이야기를 짓다 보면 그림을 볼 때마다 새로운 광경이 눈에 들어올 거예요.

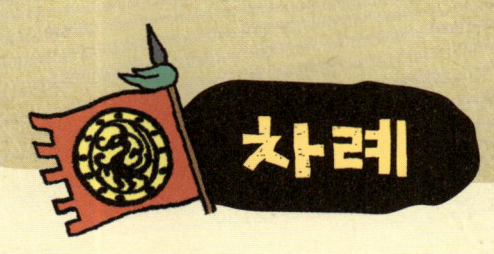

차례

| 선사시대 | 구석기와 신석기, 사람이 살기 시작하다 | 4 |

| 고조선 | 청동기 시대, 최초의 나라를 세우다 | 6 |

생생 한국사 이야기 1, 2 ········ 8

| 고구려 | 고구려 사람들, 활기찬 생활을 하다 | 10 |

| 고구려 | 고구려, 넓은 땅으로 큰 나라를 이루다 | 12 |

생생 한국사 이야기 3, 4 ········ 14

| 백제 | 백제, 뛰어난 기술과 세련된 문화를 자랑하다 | 16 |

| 가야 | 가야, 철의 나라로 발전하다 | 18 |

생생 한국사 이야기 5, 6 ········ 20

| 신라 | 신라, 천 년의 문화를 꽃피우다 | 22 |

| 발해 | 발해의 도읍 상경, 다양한 문화가 발달하다 | 24 |

생생 한국사 이야기 7, 8 ········ 26

| 통일신라 | 통일 신라, 불교 왕국을 세우다 | 28 |

| 통일신라 | 장보고, 청해진을 해상 왕국으로 만들다 | 30 |

생생 한국사 이야기 9, 10 ········ 32

| 고려 | 연등회와 팔관회, 고려 온 백성의 축제가 되다 | 34 |

| 고려 | 귀주 대첩, 슬기롭게 거란을 물리치다 | 36 |

생생 한국사 이야기 11, 12 ········ 38

| 고려 | 벽란도, 고려의 화려한 국제도시로 발전하다 | 40 |

| 고려 | 무신 정변과 신분 해방, 차별에 분노하다 | 42 |

생생 한국사 이야기 13, 14 ········ 44

| 고려 | 몽골과의 전쟁, 고려 사람들이 똘똘 뭉치다 | 46 |

생생 한국사 이야기 15 ········ 48

정답 ········ 49

구석기와 신석기, 사람이 살기 시작하다

먼 옛날, 한반도에 처음으로 사람이 살기 시작했어요. 구석기에는 돌을 깨뜨려 만든 도구로 사냥을 하거나 물고기를 잡았어요. 그러다 신석기에는 돌을 갈아 만든 도구를 사용하면서 농사도 짓고, 옷도 만들어 입었지요.

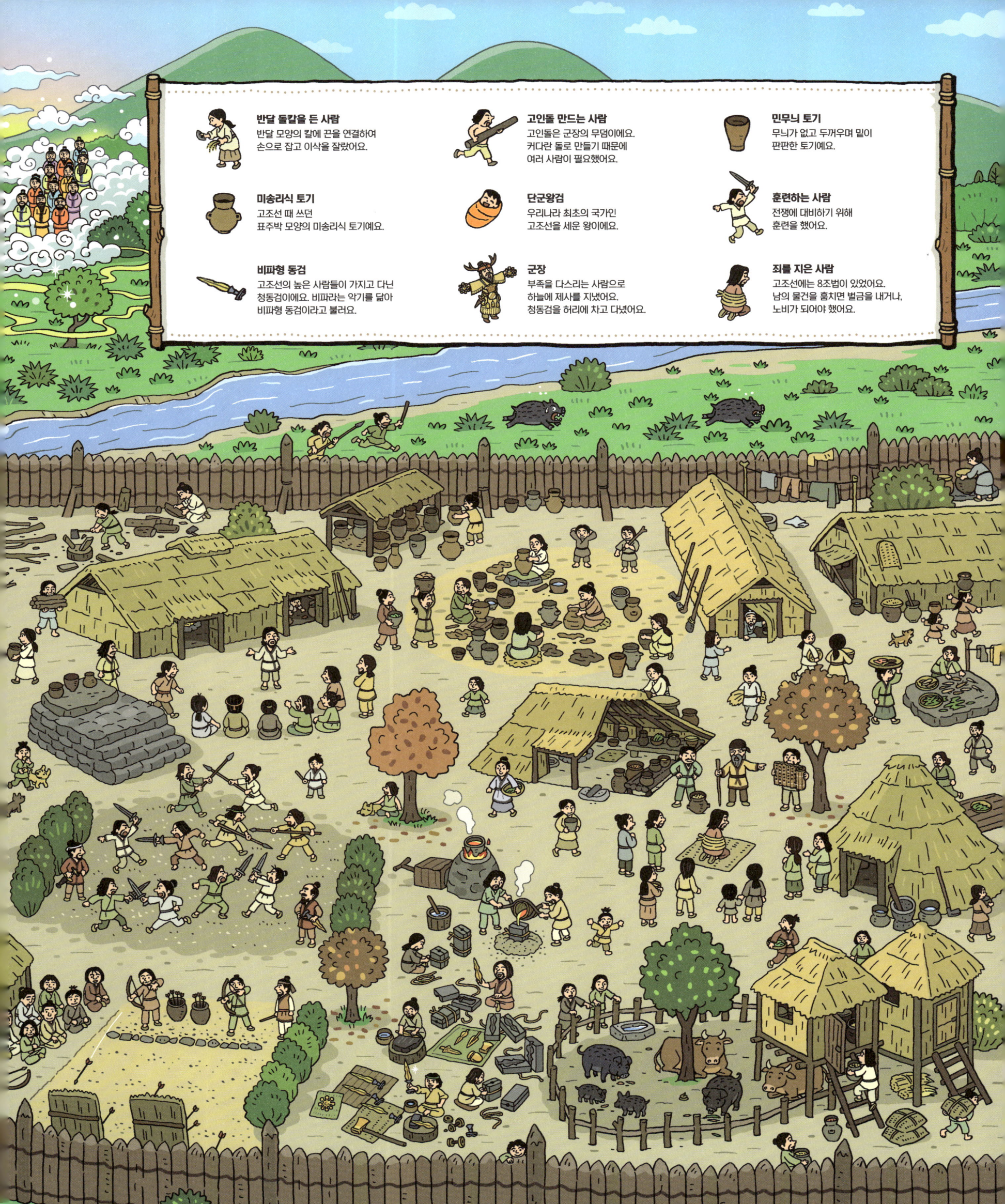

생생 한국사 이야기 1
구석기와 신석기, 사람이 살기 시작하다

구석기와 신석기의 생활

구석기와 신석기 사람들은 사냥과 고기잡이를 하거나 열매를 따 먹으며 살았어요. 구석기에는 돌을 떼어 만든 뗀석기를 사용했고, 사냥감이 있는 곳으로 옮겨 다니며 동굴에서 살았어요. 신석기 때는 움집을 지어 한곳에 머물러 살면서 농사를 짓고 동물도 키웠어요. 농작물을 거두면 사이좋게 나누어 가졌지요. 신석기에는 돌을 갈아서 만든 간석기를 이용하여 옷이나 그물, 돌도끼 등을 만들었답니다.

공룡과 인간은 함께 살지 않았다!

그림이나 영상에서 구석기 사람들이 공룡을 피해 달아나는 모습을 본 적 있지 않나요?
그런데 그 모습은 사실이 아니에요. 공룡은 사람이 살기 전에 이미 지구에서 완전히 사라져 버렸기 때문이지요. 한반도에 처음 사람이 나타난 것은 약 70만 년 전인데, 공룡은 그전에 지구에서 사라졌답니다. 만약 구석기 사람이 *뗀석기를 던져 공룡을 공격하고 달아나는 장면을 보게 되면, "이건 역사적으로 맞지 않아!"라고 자신 있게 말해 보세요.

*뗀석기 : 돌을 깨뜨려 만든 도구.

〈조개무지에서 발견된 조개 장신구〉

신석기 시대에도 쓰레기장이 있었다고?

신석기 사람들은 강가나 바닷가에 살면서 조개를 많이 먹었어요. 먹고 남은 조개껍질은 한곳에 모아서 버렸는데, 조개껍질이 쌓인 곳을 '조개무지', 또는 '조개더미'라고 불러요. 지금으로 말하면 쓰레기장이라 할 수 있지요. 신석기 사람들은 이곳에 조개껍질뿐 아니라, 빗살무늬 토기의 깨진 조각이나 쓸모없어진 돌칼, 돌창, 돌 화살촉 등 여러 가지 물건들도 버렸어요. 그래서 오늘날 조개무지를 발굴하면 신석기 시대의 유물들이 쏟아져 나온답니다.

한국사 Quiz

'구석기와 신석기'에 대한 설명으로 맞으면 O, 틀리면 X 하세요.

❶ 구석기에는 가락바퀴로 옷을 만들어 입었어요. ( )
❷ 구석기에는 주먹 도끼로 사냥을 했어요. ( )
❸ 구석기에는 그물추 어망으로 물고기를 잡았어요. ( )
❹ 신석기에는 농사를 지었어요. ( )

〈조개무지에서 발견된 조개 가면〉

청동기 시대, 최초의 나라를 세우다

청동기 시대의 생활

청동기 사람들은 주로 언덕이나 낮은 산 아래에 움집을 짓고 살았어요. 농사로 거두는 곡식이 많아지면서 부자와 가난한 사람이 생겼고, 전쟁도 늘어났어요. 부족의 우두머리인 군장은 평소 청동검과 청동 거울을 가지고 다녔고, 제사를 지낼 때는 농경문 청동기를 걸고 청동 방울을 흔들며 농사가 잘되기를 빌었어요. 군장이 죽으면 부족 사람들은 함께 커다란 고인돌을 세웠어요.

우리가 곰의 자손이라고? 단군왕검의 건국 이야기

〈단군왕검〉

신의 아들인 환웅이 바람과 비, 구름 신을 거느리고 땅에 내려왔어요. 이때 사람이 되게 해 달라고 찾아온 곰과 호랑이에게 환웅은 동굴에서 마늘과 쑥만 먹고 지내라고 했어요. 버티지 못한 호랑이와 달리 곰은 끝까지 견디고 여자가 되어 환웅과 결혼했어요. 환웅이 낳은 아들이 바로 우리나라 최초의 국가 고조선을 세운 단군왕검이었대요.

역사학자들은 곰이 여자로 변해 환웅과 결혼했다는 것은 곰을 신처럼 모시는 부족이 환웅을 모시는 부족과 힘을 합쳤다는 것을 뜻한다고 해요.

8조법이 뭐지?

고조선에는 신분이 높은 사람과 낮은 사람이 있었어요. 농사로 거두는 곡식이 많아지면서 재산도 생기게 되었지요. 그래서 사람들이 평화롭게 살아가기 위해 8개의 엄격한 법을 만들었는데, 이것을 8조법이라고 해요. 지금까지 전해지는 세 개의 내용은 다음과 같아요.

- 사람을 죽이면 똑같이 사형에 처한다.
- 남을 다치게 한 사람은 곡식으로 갚게 한다.
- 도둑질한 사람은 노비로 삼고, 용서받으려면 큰 돈을 내야 한다.

나머지 5개는 무엇이었을까요? 여러분도 상상해 보세요.

한국사 Quiz 청동기 시대에 볼 수 있는 것을 보기에서 모두 찾아 ○ 하세요.

보기

민무늬 토기   팔만대장경   비파형 동검
불상   철제 무기   미송리식 토기
연등   목탑   반달 돌칼

정답: 민무늬 토기, 비파형 동검, 미송리식 토기, 반달 돌칼

고구려, 넓은 땅으로 큰 나라를 이루다

고구려의 광개토 대왕은 매우 용맹하여 다른 나라와의 여러 싸움에서 승리했어요.
고구려군은 아주 강해서 바다를 건너 쳐들어온 왜적들도 단번에 무찔렀지요.
덕분에 신라와 백제보다 훨씬 넓은 땅을 가질 수 있었어요.
이를 기리기 위해 장수왕은 광개토 대왕릉비를 세웠어요.

생생 한국사 이야기 3
고구려 사람들, 활기찬 생활을 하다

고구려 사람들의 생활 모습

고구려는 산이 많아 농사지을 땅이 부족했어요. 그래서 사냥과 싸움을 잘하는 것이 중요했고, 맨손으로 싸우는 '오병수박희'라는 무술과 씨름을 즐겨 했어요. 또, 신분에 따라 사는 모습이 달랐어요. 귀족들은 화려한 기와집에 살았고, 이동할 때는 자신의 수레를 이용했어요. 반면 가난한 사람들은 초가집을 짓고 살았지요. 고구려 사람들은 무덤 벽에 그림을 그렸는데, 그 그림을 보면 사람들의 생활 모습과 생각을 잘 알 수 있어요.

주몽이 알에서 태어났다는 말은 사실일까?

고구려를 세운 주몽은 알에서 태어났다고 전해져요. 그런데 사람이 정말 알에서 태어날 수 있었을까요? 옛날 사람들은 하늘을 훨훨 날아다니는 새들이 부럽고 멋져 보였어요. 또 새는 하늘과 인간을 이어 주는 존재라고 생각했지요. 그래서 나라를 세운 사람은 보통 사람과는 달리 새처럼 알에서 태어났을 것이라고 생각해 이런 재미있는 이야기를 지어냈다고 해요.

고구려 사람들은 무엇을 먹었을까?

고구려 땅에는 산이 많고 농사를 지을 땅이 부족해, 일반 사람들은 하얀 쌀밥 대신 조나 피 같은 잡곡을 주로 먹었어요. 밥상도 없이 바닥에 그릇을 놓고 간장만 넣은 국이나 소금으로 담근 장아찌, 김치를 반찬으로 먹었지요. 하지만 귀족들은 쫄깃쫄깃한 꿩이나 사슴 고기를 자주 먹었어요. 푸줏간에는 잘 손질된 고기들이 줄줄이 걸려 있었고, 하인들이 장작불을 피워 만든 맛있는 음식들을 주인에게 대접했답니다.

한국사 Quiz
그림에 알맞은 내용을 찾아 줄로 이으세요.

㉠ 고구려는 엄격한 신분제 사회였어요.
㉡ 주몽은 활쏘기 실력이 뛰어났어요.
㉢ 고구려에는 남자 무용수도 있었어요.

정답: 1-㉡, 2-㉢, 3-㉠

생생 한국사 이야기 4
고구려, 넓은 땅으로 큰 나라를 이루다

고구려를 전성기로 이끈 위대한 광개토 대왕

고구려는 중국과 가까운 곳에 있어 세 나라 중 가장 빠르게 발전했어요. 하지만 중국과 주변 나라의 침략도 자주 받았어요. 광개토 대왕의 할아버지인 고국원왕이 백제 근초고왕에게 죽임을 당하여 광개토 대왕은 임금이 된 뒤 먼저 백제를 공격해 땅을 빼앗았어요. 거란 등을 공격하여 그들을 노예로 만들고 중국 후연의 공격을 물리쳤으며 옛 고조선의 땅을 되찾아 삼국 가운데 가장 넓은 땅을 차지했어요.

광개토 대왕의 든든한 부하, 동아시아 최고의 철갑 군단

〈삼실총 공성도(마사도)〉

철갑 군단 덕분에 고구려군은 매우 강했어요. 갑옷으로 무장한 철갑 군단은 온몸에 철 갑옷을 두른 말을 타고, 자신의 키보다 훨씬 긴 창으로 용감하게 싸웠어요. 무거운 갑옷을 입었는데도 몸을 자유롭게 움직였고, 힘 또한 대단했지요. 전쟁에 나가는 고구려 군대는 가장 앞에 철갑 군단이, 그 뒤로 말을 탄 병사와 긴 창을 든 군사들이 따라갔어요. 창을 든 군사들 뒤에는 도끼를 든 군사, 방패와 칼을 든 군사들이 따랐어요. 마지막으로 군단의 가장 뒤에서는 활쏘기 실력이 뛰어난 군사들이 매섭게 활을 쏘았어요. 무거운 갑옷을 입고서도 날래게 싸우는 철갑 군단의 모습이 정말 씩씩하고 멋있었겠지요?

철 화살을 만들어 낸 고구려의 놀라운 기술

고구려가 백제와 전쟁을 벌였던 백제의 도읍 한성 지역(지금의 서울 구의동)에서는 화살촉이 무려 3,000여 점이나 발굴되었어요. 1,600여 년 만에 세상에 나왔는데도 화살촉이 매우 가늘고 송곳처럼 뾰족해서 보는 사람을 모두 놀라게 했지요. 고구려의 화살촉은 적들의 단단한 갑옷을 단번에 뚫을 정도였다고 하니 고구려 사람들의 기술이 얼마나 뛰어났는지 알 수 있겠지요?

〈고구려의 철 화살촉〉

한국사 Quiz

무엇에 대한 설명인지 오른쪽 칸에서 찾아 O 하세요.

❶ 고구려 사람들이 신처럼 생각하며, 태양에 산다는 발이 세 개인 까마귀의 이름

❷ 철이나 가죽으로 튼튼하게 만들고, 테두리에 철을 두른 것의 이름

거	창	로	방
란	대	왕	패
군	삼	족	오
도	끼	철	무

백제, 뛰어난 기술과 세련된 문화를 자랑하다

백제는 과학과 기술이 발달하고 문화가 뛰어났어요. 특히 기와와 탑을 만드는 기술은 삼국 가운데 으뜸이었지요. 절벽에 조각한 마애여래삼존상과 무령왕릉에서 발견된 금으로 만든 장신구 등을 보면 백제의 뛰어난 예술적 솜씨와 화려한 문화를 알 수 있어요.

가야, 철의 나라로 발전하다

가야는 여러 나라로 이루어진 왕국이었어요. 하나로 통일되지는 못했지만 서로 도우며 세련된 문화를 발달시켰어요. 좋은 품질의 철을 많이 만들어 낸 가야는 중국과 일본에 철을 수출하며 여러 나라와 활발히 교류했어요. 또, 뛰어난 기술로 훌륭한 토기를 많이 만들었지요.

생생 한국사 이야기 5
백제, 뛰어난 기술과 세련된 문화를 자랑하다

삼국 가운데 가장 문화가 발달한 백제

백제는 한강 근처에 도읍을 정하고 바다를 통해 중국과 교류하면서 빠르게 발달했어요. 근초고왕 때에는 고구려를 비롯한 나라들을 공격하면서 땅을 넓혔지만, 고구려 장수왕의 공격으로 한강을 빼앗기고 도읍을 옮겼지요. 백제는 위기 속에서도 과학과 기술, 문화를 발달시키며, 각 분야에서 뛰어난 사람을 '박사'라 부르고 벼슬을 내렸어요. 이웃 나라 일본에는 발달된 문화와 문물을 전하기도 했어요.

아파트 공사 현장에서 1,800여 년 만에 부활한 **백제의 첫 도읍지**

백제의 도읍지는 어디였을까요? 서울의 올림픽 공원 안에 있는 몽촌토성, 송파구 석촌동, 송파구 풍납동 등 학자들마다 의견이 달랐어요. 그러던 중 한 대학 교수가 풍납동의 아파트 공사장에서 백제 궁궐에서 쓰던 항아리를 발견하면서, 이곳이 왕궁 터였다는 것이 밝혀졌어요. 흙과 각종 나뭇잎, 조개 등을 차례대로 쌓아 무려 아파트 5층 높이로 튼튼하게 지어졌다는 것이 알려져 사람들을 깜짝 놀라게 했지요. 지금은 백제의 첫 도읍지가 풍납토성이라는 의견에 대부분 동의하고 있답니다.

백제의 역사를 다시 알게 한 금동대향로

백제 시대의 무덤에서 발견된 금동대향로는 우리나라 국보예요. 불교와 도교가 잘 어우러져 만들어진 문화재지요. 뚜껑 손잡이에는 여의주를 문 봉황이 조각되어 있고, 몸체에는 수십 개의 산봉우리와 동물, 사람 조각이 있어요. 사람 조각 가운데는 각각 다른 악기를 연주하는 신선 다섯 명이 있는데, 금동대향로가 발견되면서 백제의 음악에 대해서도 알려지게 되었어요. 또 코끼리와 원숭이 등 당시 열대 지방에서만 볼 수 있었던 동물들도 조각되어 있어 다른 나라와 교류했음을 알 수 있어요.

한국사 Quiz

기와를 전문으로 만드는 기술자를 무엇이라 하는지 알맞은 것을 고르세요. (   )

보기
① 의박사
② 석수
③ 와박사
④ 마라난타

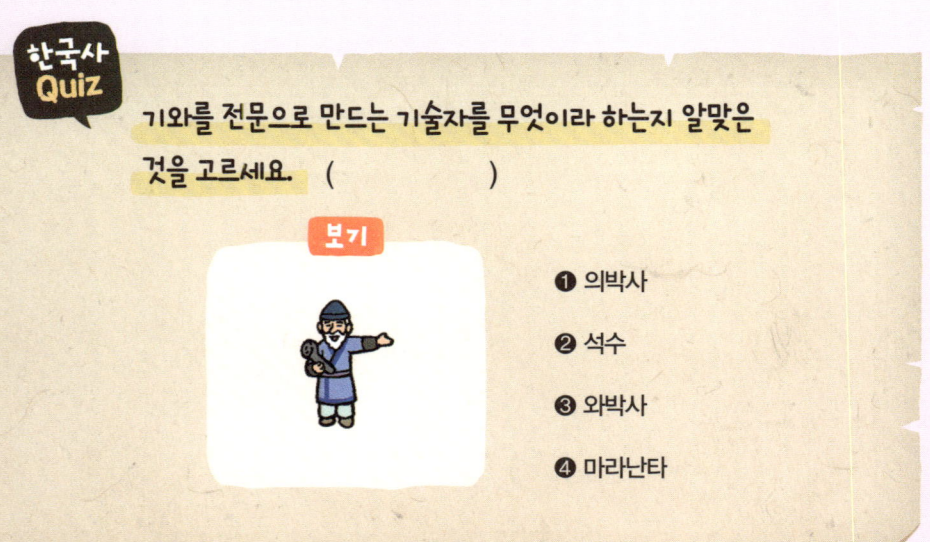

〈금동대향로〉

정답 ③

생생 한국사 이야기 6

가야, 철의 나라로 발전하다

풍부한 철을 바탕으로 발달한 가야

가야는 한반도 남쪽에 있던 작은 나라들이 힘을 합쳐 만든 나라예요. 그중 가장 큰 나라는 김수로왕이 세운 금관가야예요. 가야는 바다를 통해 풍부한 철을 수출하고, 토기 만드는 기술을 일본에 전해 주며 다른 나라들과 교류했어요. 철을 다루는 기술도 매우 훌륭했어요. 결국 신라에게 정복되었지만 김유신 장군을 비롯한 가야 후손들이 신라에서 활발히 활동하면서 신라에 많은 영향을 주었답니다.

인도에서 온 김수로왕의 왕비, 허황옥

<삼국유사>에 따르면 허황옥은 인도 아유타국이라는 나라의 공주로, 배에 각종 보석과 석탑을 싣고 가야에 왔어요. 김수로왕과 허황옥은 둘째와 셋째 자녀에게 왕비의 '허'씨 성을 따르게 하였고, 이들이 김해 허씨의 조상이 되었다고 해요.

그런데 믿기 힘든 이 이야기가 사실일지도 모르는 증거들이 나오고 있어요. 김해 허씨 무덤 유골의 유전자에서 인도 사람과 관련 있는 특징이 발견되었고, 김해 수로왕릉의 물고기 그림이 아유타국의 왕실 문양에서도 발견되었어요. 또 허황옥이 싣고 온 파사 석탑의 돌도 인도의 아유타 지방에서 나는 돌이라고 해요.

<허황옥이 가져온 파사 석탑>

<가야금>

가야의 슬픈 역사가 담긴 전통 악기 가야금

가야금은 대가야의 가실왕이 만든 가야의 전통 악기예요. 가야의 음악가인 우륵은 가실왕의 명령에 따라 가야의 12지역을 대표하는 곡을 만들었지요. 왕이 죽고 우륵은 대가야의 멸망이 다가옴을 느끼고는 가야금을 안고 신라로 도망갔어요. 우륵이 신라의 진흥왕 앞에서 멋진 가야금 연주를 펼치자 크게 감동한 진흥왕은 신라 사람에게 가야금을 배우도록 했어요. 가야의 슬픈 역사를 담고 있는 가야금은 이렇게 신라를 거쳐 우리에게까지 전해지고 있어요.

한국사 Quiz

빈칸에 들어갈 단어를 차례대로 쓰세요.

[보기]

○○○○은 금관가야를 세웠어요. 가야는 좋은 품질의 ○을 많이 만들어 냈어요. 전쟁에서 몸을 보호하기 위해 철로 만든 투구와 판갑옷을 입었고, 철판을 연결해 만든 ○○을 말에게도 입혔어요.

[답] ☐ , ☐ , ☐

신라, 천 년의 문화를 꽃피우다

신라는 삼국 중 가장 늦게 나라의 모습을 갖추었지만, 훌륭한 과학 기술로 우수한 문화를 꽃피웠어요. 첨성대를 지어 별의 움직임을 관찰하고, 분황사와 황룡사 등의 절도 지었어요. 곡식이 익을 때가 되면 베틀로 옷감 짜기를 겨루는 길쌈 내기를 하고, 화랑도로 훌륭한 인재를 키워 내어 삼국 통일을 이루었어요.

발해의 도읍 상경, 다양한 문화가 발달하다

발해의 도읍 상경은 주작대로라는 큰 도로를 중심으로 궁궐과 건물들을 지은 계획도시였어요.
상경의 시장에는 여러 나라의 상인들이 드나들며 활발한 무역이 이루어졌어요.
발해의 지배층은 주로 고구려 사람들이었고, 일반 백성들은 대부분 말갈 사람들이어서
고구려 문화와 말갈의 문화가 함께 발달했어요.

생생 한국사 이야기 7

신라, 천 년의 문화를 꽃피우다

과학 기술과 건축 기술이 발달했던 신라

신라는 왕의 힘이 강해지면서 점차 문화가 발전했어요. 냉장고가 없던 옛날, 여름에도 언제든 얼음을 쓸 수 있는 석빙고를 만들 정도로 과학 기술도 발달했어요. 천문학도 발달하여 해와 달, 별의 움직임을 관찰하며 농사에 도움을 얻었어요. 선덕 여왕 때 세운 우리나라의 가장 오래된 천문대인 첨성대는 신라의 발달된 천문학과 건축 기술을 함께 보여 주어요.

신라 최고 영재들의 모임, 화랑도

화랑도는 진흥왕이 신라의 귀족 청소년들을 위해 만든 학교로, 나라를 이끌어 갈 인재를 기르는 역할을 했어요. 화랑들은 공부뿐 아니라, 경치가 좋은 자연을 찾아다니며 마음을 닦고 무예를 익혔어요. 실제로 삼국 통일을 이끈 김춘추와 김유신 장군, 백제를 멸망시킬 때 목숨을 바친 관창과 가야를 정벌한 사다함 등 신라 최고의 장군과 무사들이 모두 화랑도 출신이에요.

〈선덕 여왕릉〉

슬기와 지혜의 여왕, 선덕 여왕의 세 가지 예언

선덕 여왕은 매우 지혜로웠어요. 한번은 당나라 태종이 선덕 여왕에게 모란꽃 그림과 함께 씨를 보냈는데, 그림을 본 선덕 여왕이 '이 꽃은 향기가 없을 것이다'라고 말했어요. 그런데 씨를 심어 보니 정말 꽃향기가 나지 않아 신하들이 모두 놀랐다고 해요.
또 한번은 한겨울인데 옥문지라는 연못에서 개구리들이 계속 울어댄다는 소식을 듣고 그곳에 백제의 군사들이 숨어 있으니 모두 무찌르라고 했어요. 그곳에 가 보니 정말 백제군이 숨어 있어 물리칠 수 있었지요.
마지막으로 자신이 예언한 날에 세상을 떠났다고 해요. 정말 신기하지 않나요?

한국사 Quiz

설명을 읽고, 빈칸에 들어갈 알맞은 글자를 보기에서 찾아 쓰세요.

| 보기 | 선 | 첨 | 덕 | 여 | 성 | 왕 | 대 |

❶ ☐☐☐☐은 신라 최초의 여왕으로, 지혜롭고 미래를 보는 능력도 있었다고 해요.

❷ 신라는 ☐☐☐를 지어 별의 움직임을 관찰했어요.

정답 ❶ 선덕 여왕, ❷ 첨성대

생생 한국사 이야기 8
발해의 도읍 상경, 다양한 문화가 발달하다

고구려를 이어 대 제국을 이룬 발해

고구려가 멸망한 뒤, 고구려의 장군 대조영은 고구려 유민과 말갈족을 모아 고구려의 옛 땅인 만주 지방에 새로운 나라를 세웠어요. 그 나라가 바로 발해이지요. 발해는 고구려를 이으려는 뜻이 강했어요. 발해 왕이 일본에 자신을 '고구려의 왕'이라고 표현하여 보낸 문서가 발견되기도 하고, 발해의 옛 땅에서 발견된 고구려의 것과 닮은 석등과 막새기와에 고구려 문화가 녹아 있다는 점에서 알 수 있어요.

딸을 향한 애틋한 마음, 정효 공주와 문왕

〈정효 공주 묘 악공도(모사도)〉

정효 공주는 발해 문왕의 넷째 딸로, 많은 사랑을 받고 자랐지만 안타까운 삶을 살았어요. 일찍이 남편을 잃고, 어린 딸마저 세상을 떠나보냈지요. 눈물로 지내던 정효 공주는 36세의 젊은 나이에 눈을 감고 말았어요. 슬픔에 빠진 문왕은 온 나라에 음악을 금지시키고 정효 공주의 무덤을 정성껏 만들어 주었어요. 무덤 벽에는 시녀들과 내시, 악기를 연주하는 악공, 호위 무사 등을 벽화로 그렸는데, 평소에 공주를 모시던 사람들의 모습을 담고 있어요.

누구인지 부절을 내놓아라!

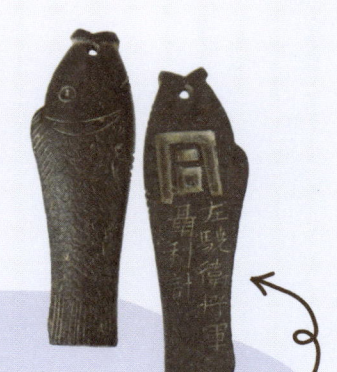

〈물고기 모양 부절〉

신분증이 없던 옛날 발해에서는 어떻게 신분을 확인했을까요? 고구려를 세운 주몽이 아들 유리 왕자를 알아보기 위해 부러진 단검을 서로 맞추어 보았다는 이야기를 들어 본 적 있나요? 발해에서도 그와 비슷한 방법으로 부절을 이용해 이름과 신분을 확인했어요. 부절은 나라에서 사신에게 나눠 준 것이에요. 청동으로 똑같은 모양의 조각 두 개를 만들어 서로 한 쪽씩 보관하고 있다가 나중에 맞추어 '합동'이라는 글자가 옆면에 나타나도록 하여 신분을 확인했다고 해요.

한국사 Quiz

발해 사람들이 주로 믿었던 '불교'와 관련된 것에 O 하세요.

보기

| 말갈 토기 | 격구 | 향로 |
| 자배기 | 불상 | 담비 코트 |

장보고, 청해진을 해상 왕국으로 만들다

신라의 힘이 약해지자 신라 사람들이 당나라 해적에게 잡혀가 노비가 되는 일이 일어났어요. 당나라에서 이를 본 장수 장보고는 신라로 돌아와 청해진을 세우고 해적들을 무찔렀어요. 청해진은 신라에서 중국을 오가는 바닷길에 있어 상인뿐 아니라, 유학생이나 승려들도 이곳을 통해 당나라와 일본을 오갔어요. 청해진은 당과 신라, 일본을 연결하는 해상 무역의 중심지가 되었어요.

생생 한국사 이야기 9
통일 신라, 불교 왕국을 세우다

백성들의 마음을 모은 통일 신라의 불교

고구려와 백제, 신라 세 나라를 통일한 신라는 백성들의 마음을 하나로 모으기 위해서는 불교가 중요하다고 생각했어요. 원효 대사는 당나라에 불교를 공부하러 가던 중 깨달음을 얻고 신라로 돌아와 사람들에게 불교를 쉽게 가르쳐 주었고, 승려 의상은 당나라에서 공부를 마친 뒤 신라에 화엄종을 알리고 낙산사와 부석사 등 많은 절을 지었어요. 그리고 수많은 제자들을 가르쳐 불교의 큰 스승이 되었답니다.

전생과 현재의 부모를 위해 불국사와 석굴암을 지은 김대성

불국사와 석굴암은 김대성이라는 사람이 지었는데, 〈삼국유사〉에 따르면 김대성은 원래 가난한 집의 아들로 태어났다고 해요. 그는 스님에게 큰 *시주를 한 뒤 죽었다가 높은 귀족의 아들로 다시 태어났어요. 후에 이 사실을 알게 된 김대성은 현생의 부모를 위해 불국사를, 전생의 부모를 위해 석굴암을 지었다고 전해져요.

*시주 : 조건 없이 절이나 승려에게 물건을 베풀어 주는 일.

〈석굴암의 천장〉

〈불국사〉

석굴암에 얽힌 신비한 이야기

김대성이 석굴암을 지을 때의 일이에요. 석굴암을 짓던 토함산은 아주 단단한 돌로 이루어져 있어서 굴을 파기 힘들었어요. 그래서 여러 개의 돌을 둥글게 쌓아 올려 굴처럼 만들었지요. 그런데 천장에 놓을 돌을 옮기다 그만 세 조각이 나고 말았어요. 김대성은 속상한 마음을 안고 잠들었는데, 하늘에서 신이 내려와 돌을 천장에 올려 둔 꿈을 꾸었어요. 김대성이 눈을 떠 보니 꿈에서처럼 정말로 천장에 돌이 올라가 있었어요. 지금도 석굴암 천장에는 셋으로 갈라진 돌이 있답니다. 정말 신기하지요?

한국사 Quiz

'다보탑 사자상'의 설명으로 맞는 것에 O를, 틀린 것에 X를 하세요.

1. 사람의 얼굴 모양을 하고 있어요. ( )
2. 다보탑에는 원래 두 개의 사자상이 있었어요. ( )
3. 머리 위에 11개의 얼굴이 있는 독특한 모습이에요. ( )
4. 지금 다보탑에는 단 하나의 사자상만 있어요. ( )

생생 한국사 이야기 10
장보고, 청해진을 해상 왕국으로 만들다

세계 여러 나라와 활발하게 교류한 통일 신라

통일 신라는 상업이 발달해서 바다 건너 여러 나라의 상인들이 오가는 일이 많았어요. 특히 당나라와 활발한 교류를 하였는데, 금이나 은으로 만든 물건이나 인삼을 수출하고, 비단과 옷, 책 등을 사들였어요. 또 당나라에 신라 사람들이 많아지면서 신라 사람들이 모여 사는 신라방과 신라 사람을 다스리는 관청인 신라소도 생겼어요. 신라 사람을 위한 절인 신라원도 많았는데, 장보고가 세운 법화원도 신라원 가운데 하나예요.

힘을 잃어가는 통일 신라, 후삼국 시대가 열리다

통일 신라 후기는 왕위 다툼으로 사회가 혼란스러웠어요. 세금을 많이 걷는 데다 흉년과 전염병까지 퍼져 백성들의 삶은 어려워졌고, 곳곳에서 반란도 일어났지요. 통일 신라는 결국 다시 셋으로 갈라졌는데, 이때를 후삼국 시대라고 해요. 견훤이 백제를 이으려고 세운 후백제, 궁예가 고구려를 이으려고 세운 후고구려, 그리고 나머지 하나가 신라예요. 후고구려의 궁예는 너무 난폭해서 신하들이 그를 내몰고 다른 사람을 왕으로 세웠는데, 그가 바로 후삼국을 통일하고 고려를 세운 왕건이랍니다.

부하의 칼에 찔려 세상을 떠난 장보고

장보고는 섬에서 태어나고 자란 낮은 신분의 사람이었어요. 하지만 뛰어난 능력을 인정받아 큰 벼슬을 얻었어요. 그는 왕위 다툼이 일어나자 이 기회에 자신의 딸을 왕비로 만들고 싶었어요. 하지만 장보고의 힘이 점점 커지는 것을 두려워하던 귀족들은 섬에서 온 사람을 왕비로 맞을 수 없다며 반대했어요. 화가 난 장보고는 도읍인 금성으로 쳐들어갔어요. 반대 세력들은 이를 막기 위해 장보고에게 그의 부하인 염장을 보냈어요. 장보고는 염장을 반겨 주었지만 염장의 칼에 찔려 끝내 세상을 떠나고 말았어요.

한국사 Quiz
청해진에서 볼 수 없는 것에 O 하세요.

낙타	신라 놋그릇	신라 양탄자	민무늬 토기

〈장보고 동상〉

강민첨
강감찬 장군을 도와 귀주 대첩을 지휘하던 장군이에요. 항상 강감찬 장군 곁을 지켰지요.

소배압
거란군을 이끌고 고려에 쳐들어왔어요. 흥화진과 귀주에서 두 번이나 졌어요.

철 화살과 활
거란군은 철로 만든 화살을 사용했어요. 아주 단단해서 철 갑옷도 단번에 뚫었어요.

고려 보병
고려군은 대부분 걸어다니는 보병이었어요. 이후 말을 타는 기마병 중심의 별무반을 만들어요.

생생 한국사 이야기 11
연등회와 팔관회, 고려 온 백성의 축제가 되다

고려 발전의 힘이 된 불교

고려는 불교를 나라의 종교로 정해 나라 발전에 힘이 되도록 하였어요. 승려를 위한 과거 시험인 승과 제도가 있었고, 왕족이나 귀족도 승려가 되는 것을 자랑스럽게 생각했어요. 승려가 왕의 스승이 되기도 할 정도였지요. 불교는 문화 발전에도 영향을 주었어요. 월정사 팔각 구층 석탑이나 경천사지 십층 석탑은 고려의 불교 예술이 꽃을 피워 만들어 낸 아름다운 문화재예요.

연등회와 팔관회가 중지된 이유는?

고려 성종은 왕이 되자마자 모든 신하들에게 나라를 발전시키기 위한 의견을 내도록 했는데, 그 가운데 최승로라는 신하가 낸 의견을 마음에 꼭 들어 했어요. 바로 '시무 28조'로, 지금 바로 해야 할 일 28가지를 적은 것이에요. 최승로는 불교보다는 유교의 뜻에 따라 나라를 다스려야 한다고 주장하며, 연등회와 팔관회 준비로 백성이 힘들어하고 나랏돈이 낭비되니 행사를 줄여야 한다고 했어요. 성종은 그 의견을 받아들여 연등회와 팔관회 행사를 없앴어요. 하지만 이후 현종 때 다시 시작되었어요.

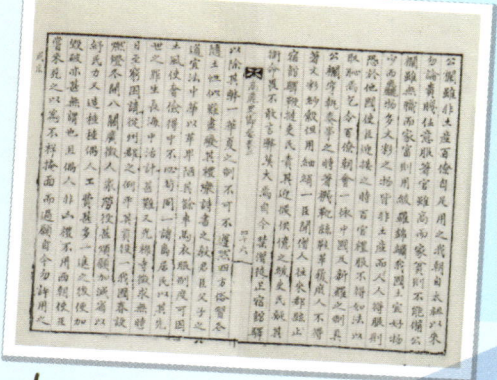

〈고려사절요-시무 28조〉

가난한 사람에게 곡식을 빌려준 제도, 의창과 상평창

고구려에는 가난한 백성들에게 봄에 곡식을 빌려주고 가을에 갚게 하는 '진대법'이 있었어요. 고려의 태조 왕건 또한 이와 비슷한 '흑창'이라는 제도로 굶주린 백성을 도왔어요. 뒤에 성종이 이를 '의창'이라는 이름으로 바꾸어 발전시켰어요. 성종은 '상평창'이라는 기관도 만들었는데, 풍년에 곡식의 가격이 떨어지면 나라에서 비싼 가격으로 사들여 곡식의 가격을 올리고, 반대로 흉년이 들면 가지고 있던 곡식을 풀어 값을 조절했어요. 덕분에 곡식으로 어려움을 겪는 백성들을 도울 수 있었어요.

한국사 Quiz

고려를 세운 왕건이 해마다 열었던 행사예요.
글자의 첫소리와 힌트를 보고 알맞은 단어를 쓰세요.

ㅇ ㄷ ㅎ

힌트
· 부처님 오신 날
· 등불

답 ☐

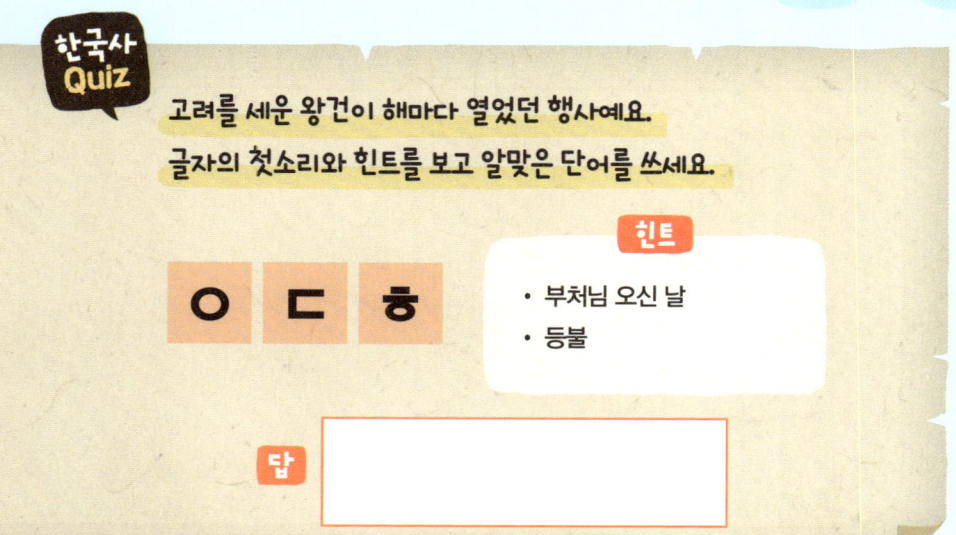

귀주 대첩, 슬기롭게 거란을 물리치다

송과 거란의 힘겨루기 가운데 거란에게 세 차례 침입을 당한 고려

고려는 중국을 통일한 송나라와 가깝게 지냈어요. 한편 거란은 발해를 멸망시키고 세력을 키우며 중국의 주인 자리를 놓고 송나라와 힘겨루기를 하고 있었지요. 고려와 군사 동맹을 맺으면 큰 힘을 얻을 수 있었기 때문에, 거란은 먼저 고려에 가깝게 지내자고 했어요. 하지만 고려가 거절하자, 거란은 군사를 이끌고 세 번이나 쳐들어왔어요. 그 세 번째 침략 때 바로 귀주 대첩이 일어났답니다.

소가죽으로 강물을 막아 크게 승리한 강민첨 장군

거란과의 싸움에서 귀주 대첩만큼 유명한 전투가 있어요. 바로 흥화진 전투랍니다. 흥화진은 거란이 개경에 가려면 꼭 지나야 하는 곳이에요.
강감찬 장군의 부하인 강민첨 장군은 매우 슬기로웠어요. 그는 굵은 줄로 소가죽을 이어서 흥화진의 큰 강을 막은 다음, 병사들과 산골짜기에 숨어 거란군을 기다렸어요. 마침내 흥화진에 도착한 거란군이 강이 얕은 줄 알고 건너려는 순간, 소가죽을 끊어 막아 놓은 물을 쏟아붓고 숨어 있던 병사들과 함께 싸워 거란군을 크게 이겼어요.

〈강민첨 장군 탄생지 유허비〉

〈고려 천리장성〉

우리나라 역사에는 천리장성이 두 개 있다?

중국에는 만리장성이라는 성벽이 있어요. 그런데 우리나라에도 이런 성벽이 두 개나 있었다는 것을 알고 있나요? 하나는 고구려의 연개소문 장군이 쌓은 천리장성이고, 다른 하나는 고려 때 거란과 여진을 막기 위해 압록강부터 동해의 도련포까지 쌓은 천리장성이에요. 천리장성은 그 길이가 약 1천여 리(약 400킬로미터)에 달한다고 해서 붙여진 이름이에요. 고려 때 쌓은 천리장성은 쌓는 데에만 11년이 걸렸다고 전해져요.

한국사 Quiz

'귀주 대첩'에 대한 설명으로 알맞은 것을 고르세요.

❶ 고려군은 파도의 방향을 이용하여 거란군을 공격했어요.

❷ 고려군은 대부분 낙타를 탔어요.

❸ 강감찬 장군은 고려군을 지휘했고, 거란군을 크게 이겼어요.

답

벽란도, 고려의 화려한 국제도시로 발전하다

벽란도는 고려의 도읍인 개경 근처에 있던 국제 무역항이에요. 이곳에서 송, 일본, 아라비아 등 다양한 나라의 상인들이 물건을 사고팔았어요. 많은 사람들의 말소리와 발걸음으로 시끌벅적한 벽란도에는 신기한 물건이 가득했고, 송나라 사신들을 위한 숙소 벽란정도 있었어요.

무신 정변과 신분 해방, 차별에 분노하다

고려 의종이 보현원으로 나들이를 갔을 때 나이 든 무신 이소응이 젊은 문신 한뢰에게 뺨을 맞는 일이 생겼어요. 화가 난 무신들은 문신을 없애고 권력을 차지하는데, 이를 '무신 정변'이라고 해요. 그 뒤 만적이 노비의 신분에서 벗어나기 위해 '만적의 난'을 일으키는 등 농민이나 노비들의 신분 해방 운동도 일어났어요.

생생 한국사 이야기 13
벽란도, 고려의 화려한 국제도시로 발전하다

고려를 '코리아'라는 이름으로 세계에 알린 국제 무역

고려는 주변의 나라와 활발히 물건을 사고팔았어요. 거란, 여진 등을 제외하고는 주로 바다를 통해 무역을 했지요. 특히 중국의 송나라와 활발히 교류했는데 도읍인 개경에 송나라 상인 수백 명이 살았을 정도였어요. 또 동남아시아나 일본, 멀리 아라비아의 상인들도 고려에 드나들었는데, 이들에 의해 고려가 '코리아'라는 이름으로 서양에 알려지게 되었어요. 그리고 오늘날까지 외국에 우리나라를 가리키는 이름이 되었답니다.

'벽란도'라 불린 까닭 외국 사신들의 숙소 벽란정

벽란도라는 이름은 바로 '벽란정'에서 비롯되었다고 해요. 벽란정은 고려를 찾아온 다른 나라의 사신들이 편히 쉴 수 있도록 만든 숙소였어요. 벽란도의 원래 이름은 예성항이었는데, '벽란정이 있는 곳의 항구'라고 불리다가 그 말이 줄어 '벽란도'가 된 것이지요. 벽란정은 언덕 위에 있었는데, 송나라 사신들은 자기로 만든 찻잔에 차를 마시면서 활발하게 물건을 사고파는 벽란도의 모습을 여유롭게 바라보며 대화를 나누고는 했어요.

송나라 자기 기술을 뛰어넘은 고려청자

고려는 송나라로부터 자기를 만드는 기술을 배웠는데 송나라 사신인 서긍이 쓴 책에 '고려의 비색(푸른색), 이는 천하제일'이라고 했어요. 송나라보다 고려의 자기 색과 모양이 뛰어나다고 말한 것이지요. 그만큼 고려의 자기는 아주 아름답고 훌륭했어요. 특히 고려의 상감 청자는 한 번 구운 자기에 무늬를 새기고 그 위에 흙을 바른 뒤 다시 구운 것인데, 그 무늬와 빛깔이 매우 환상적이랍니다.

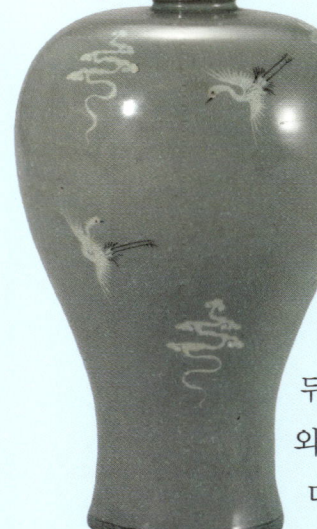

〈고려청자〉

한국사 Quiz

무엇에 대한 설명인지 알맞은 이름을 보기 에서 찾아 쓰세요.

| 보기 | 나전칠기 | 고려청자 | 인삼 |

1. 약효가 뛰어났으며, 외국 상인들에게 가장 인기가 좋던 고려의 특산물이에요.
2. 푸른빛과 무늬, 모양이 곱고 아름다워서 인기가 있었어요.

정답 ① 인삼, ② 고려청자

생생 한국사 이야기 14
무신 정변과 신분 해방, 차별에 분노하다

무신에서 천민까지, 반란이 계속되었던 고려 사회

고려에는 무신과 문신이 있었어요. 무신은 뛰어난 무술로, 문신은 뛰어난 글솜씨로 벼슬을 얻었어요. 그런데 무신보다 문신이 더 높은 대접을 받고, 오를 수 있는 관직도 더 높았어요. 심지어 군대를 지휘하는 사람도 문신이었지요. 불만이 쌓인 무신들은 무신 정변을 일으켜 권력을 잡았어요. 한편, 노비와 같은 천민과 농민들은 무신 정변을 보고 낮은 신분에서 벗어나기 위해 신분 해방 운동을 일으켰어요.

정중부의 수염이 무신 정변의 불씨를 만들었다?

무신 정변을 일으킨 정중부는 무신으로, 덩치가 좋고 잘생겼으며 수염도 멋있었다고 해요. 어느 날 나이가 한참 어린 문신 김돈중의 장난으로 그만 정중부의 수염에 불이 붙고 말았어요. 화가 난 정중부는 김돈중을 꾸짖었는데, 이 사실을 안 김돈중의 아버지 문신 김부식에게 큰 벌을 받을 뻔했어요. 이때부터 정중부는 문신에게 깊은 불만을 갖게 되었답니다.

배신자로 인해 실패로 돌아간 만적의 난

만적은 고려의 도읍 개경에 살던 노비였어요. 어느 날, 만적은 산에 나무를 하러 온 노비들을 모아 놓고 반란을 일으키자고 했어요. 만적과 노비들은 자신의 주인들을 죽인 뒤, 노비 문서를 태우기로 계획했지요. 그러나 약속한 날 사람들이 많이 모이지 않았어요. 만적은 날짜를 바꾸어 다시 모이기로 했지만, 겁을 먹은 노비 순정이 주인에게 계획을 알리고 말았어요. 결국 계획은 실패했고, 만적과 노비들은 붙잡혀 강물에 던져져 목숨을 잃었어요.

한국사 Quiz

□에 들어갈 낱말을 가로와 세로 방향에서 찾아 ○ 하세요.

❶ 무기가 없었던 노비들은 □□□를 깎아 창을 만들었어요.

❷ 노비들을 이끌고 신분 해방 운동을 계획했다가 잡혀 죽임을 당했던 사람은 □□이에요.

❸ 이의방은 문신에게 불만을 가진 정중부에게 함께 □□ 정변을 일으키자고 했어요.

리	대	나	무
무	불	사	로
신	가	만	동
다	고	적	운

정답: ❶ 대나무, ❷ 만적, ❸ 무신

몽골과의 전쟁, 고려 사람들이 똘똘 뭉치다

몽골은 수십 년간 고려에 여섯 번이나 쳐들어왔어요. 몽골이 침략하면서 대구 부인사와 경주 황룡사 구층 목탑 등 소중한 문화재가 불타 버렸어요. 그럴수록 고려 사람들은 더욱 더 똘똘 뭉쳤고, 백성들과 노비들까지도 목숨을 걸고 싸웠어요. 뿐만 아니라 부처님이 지켜 주기를 바라는 간절한 마음으로 팔만대장경도 만들었지요.

생생 한국사 이야기 15
몽골과의 전쟁, 고려 사람들이 똘똘 뭉치다

몽골의 침입을 견뎌 낸 고려

1206년 몽골족을 통일한 칭기즈 칸은 세계 역사상 가장 큰 나라를 이루었어요. 몽골과 고려는 한때 거란을 물리치기 위해 힘을 합치기도 했지만, 몽골이 고려에게 지나치게 많은 조공을 요구해서 사이가 점점 벌어졌지요. 그러던 중 몽골의 사신이 고려에서 돌아가는 길에 압록강 근처에서 죽임을 당하는 일이 일어나자 이를 핑계로 몽골은 끊임없이 고려를 침략했어요. 무려 여섯 번이나 침입을 받았지만 고려는 꿋꿋이 물리쳤지요.

세계에 자랑할 만한 고려의 3대 문화재는?

세계 사람들을 감탄하게 만드는 고려의 3대 문화재는 먼저 푸른빛이 아름다운 고려청자가 있어요. 두 번째는 서양보다 200년이나 앞서 만들어져 세계 사람들을 놀라게 한 금속 활자예요. 현재 프랑스 국립 도서관에서 보관하고 있는 〈직지심체요절〉은 금속 활자로 찍은 책 가운데 현재 존재하는 가장 오래된 것이에요. 세 번째는 세계 문화유산인 팔만대장경이에요. 팔만대장경이 보관된 장경판전도 세계 문화유산으로 지정되어 있어요.

〈팔만대장경 목판본〉

〈금속 활자〉

마침내 화약 무기를 만들어 낸 최무선

일본의 해적인 왜구들은 고려에 자주 쳐들어왔어요. 고려 장수였던 최무선은 화약을 만들어 무찔러야겠다고 마음먹었지만 염초라는 재료를 구하는 것이 쉽지 않았어요. 최무선은 마침 원나라의 이원이 염초 만드는 법을 안다는 소식을 듣고 그를 정성껏 대접했어요. 이원은 감동하여 염초 만드는 기술을 알려 주었어요. 덕분에 최무선은 여러 가지 화약 무기들로 왜구를 크게 물리쳤어요. 최무선의 화약 기술은 조선 시대까지 이어져 나라를 지키는 데 큰 역할을 했어요.

한국사 Quiz 몽골이 고려에 침입했던 당시의 모습으로 어울리지 않는 모습을 찾아 O 하세요.

〈수레에 화약 무기를 설치한 화차〉

정답

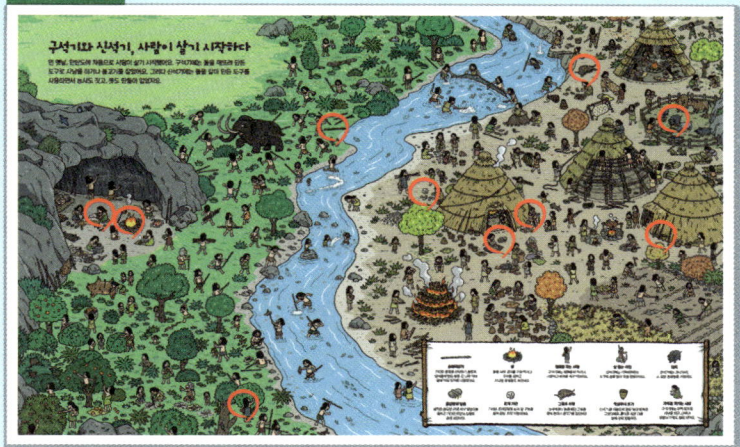
4-5쪽 구석기와 신석기, 사람이 살기 시작하다

6-7쪽 청동기 시대, 최초의 나라를 세우다

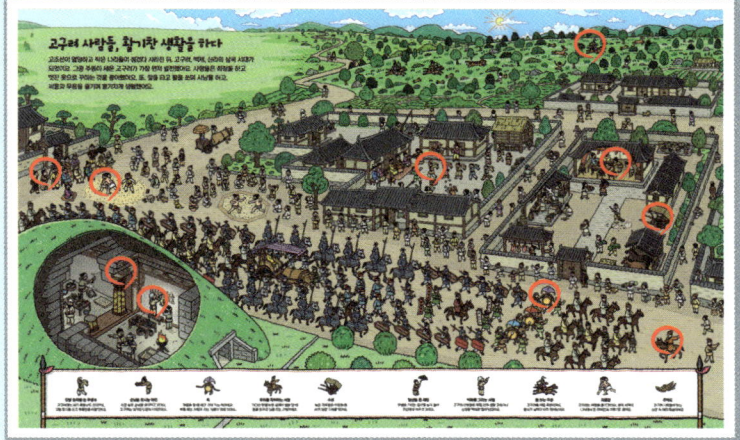
10-11쪽 고구려 사람들, 활기찬 생활을 하다

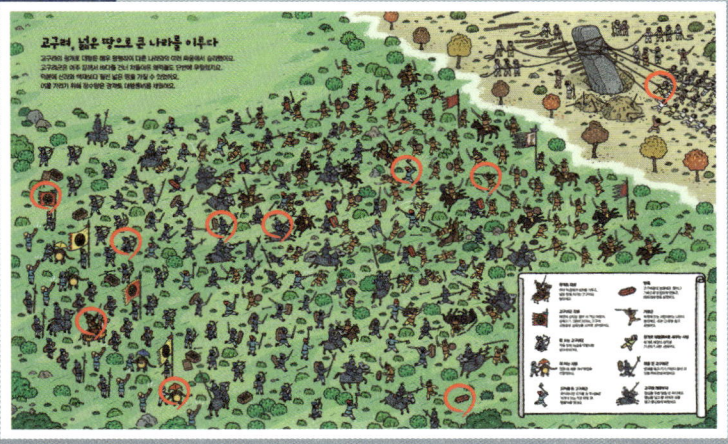
12-13쪽 고구려, 넓은 땅으로 큰 나라를 이루다

16-17쪽 백제, 뛰어난 기술과 세련된 문화를 자랑하다

18-19쪽 가야, 철의 나라로 발전하다

22-23쪽 신라, 천 년의 문화를 꽃피우다

24-25쪽 발해의 도읍 상경, 다양한 문화가 발달하다

28-29쪽 통일 신라, 불교 왕국을 세우다

30-31쪽 장보고, 청해진을 해상 왕국으로 만들다

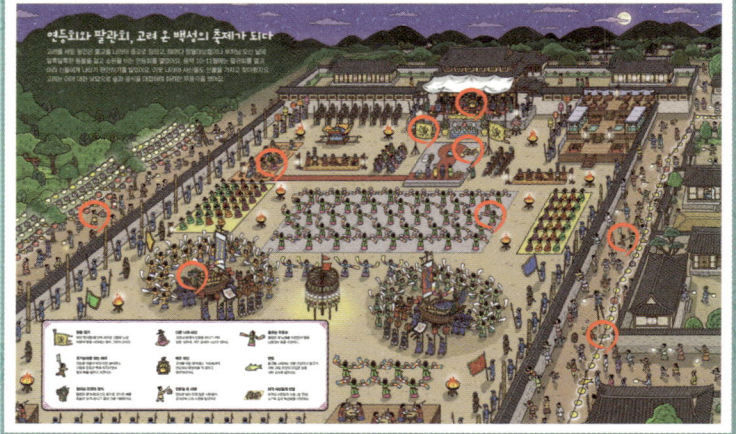

34-35쪽 연등회와 팔관회, 고려 온 백성의 축제가 되다

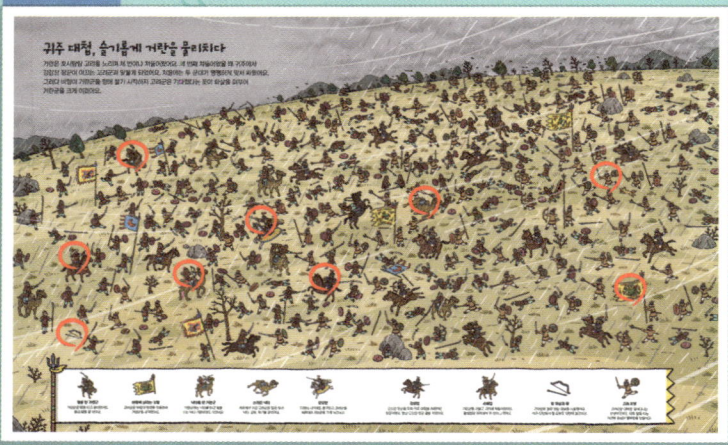

36-37쪽 귀주 대첩, 슬기롭게 거란을 물리치다

40-41쪽 벽란도, 고려의 화려한 국제도시로 발전하다

42-43쪽 무신 정변과 신분 해방, 차별에 분노하다

46-47쪽 몽골과의 전쟁, 고려 사람들이 똘똘 뭉치다